Das Bärchi Buch
vom Glück der Leere

Edition Buddha Bärchi

BooD™
BOOKS on DEMAND

Nichts macht mich so glücklich wie der hohle Klang,
wenn ich an meinen Schädel klopfe. -
Karl Valentin

Lama Golden Bear

Das Bärchi Buch
vom Glück der Leere

Edition Buddha Bärchi

Bibliografische Information der Deutschen National-bibliothek:

Die Deutsche Nationalbibliothek verzeichnet diese Publikation in der Deutschen Nationalbibliografie; detaillierte bibliografische Daten sind im Internet über http://dnb.dnb.de abrufbar.

© *2016 Edition Buddha Bärchi*

Lektorat: **Ulrich Fromme, Dietmar Bittrich**

Umschlagillustration: **Dietmar Bittrich**

Kontakt: **buddha-baerchi@t-online.de**

Herstellung und Verlag: BoD – Books on Demand, Norderstedt

ISBN: 978-3-73865-320-5

„Der Geist muss leer sein, um klar zu sehen", verkündete der Buddha. „Wenn ich die Keksdose leer sehe, trübt sich mein Geist", entgegnete Weltstar Sir Peter Ustinov.

Hier die erhabene Weisheit, dort die schlichte Wahrheit. So werden sie in diesem Buch einander gegenüber gestellt - die hehren Sprüche und die alltäglichen Erfahrungen.

Seite für Seite: links jeweils eine ruhmreiche Lobpreisung von Weite, Leere, stillem Geist. Rechts daneben der unverblümte Blick ins gelebte Leben, die respektlose Überprüfung des edlen Spruches. Formuliert von berühmten Weisheitslehrern und frechen Experten.

Der Geist muss leer sein, um klar zu sehen. - *Buddha*

Nichts ist trauriger als eine leere Keksdose. - *Peter Ustinov*

Erreiche den Gipfel der Leere, bewahre die Fülle der Ruhe, und alle Dinge werden gedeihen. - *Kung Fu Tse*

Ich bin Leere, bin formlose Stille, bin der Ozean. Wenn nur die Haie nicht wären! – *Sarah Jessica Parker*

Die Zeitung? Was steht drin zu lesen? Schon morgen ist es so wie nie gewesen.Da treibt sich viel herum, als wenn es etwas wäre. Ich liebe mir dafür das Ewigleere. - *Johann Wolfgang von Goethe*

Die Leere eines Whiskyglases ist für jeden Mann ein beunruhigender Anblick. - *Humphrey Bogart*

Es gibt nichts zu erstreben, nichts zu gewinnen, nichts zu erreichen; das ist die allerhöchste Wahrheit. – *Meister Eckhart*

Dass es nichts zu erreichen gibt, erzählen einem die Verlierer, die sich als Buddhisten ausgeben. – *John D. Rockefeller*

Es ist die Leere in der Meditation, die so erholsam ist. – *Jennifer Aniston*

Ich habe heute Morgen bereits meditiert. Oder wie heißt das, wenn man eine halbe Stunde lang wie gelähmt und ins Leere glotzend auf der Bettkante hockt? – *Kurt Cobain*

Ich weiß nur, dass ich nichts weiß. –
Sokrates

Der Idiot hat tatsächlich keine Ahnung.
– *Xanthippe, Frau des Sokrates*

Nur wo Leere ist, kann etwas Neues geschehen. - *Jiddu Krishnamurti*

Bevor du dich ärgerst, genieße die Leere der Klopapierrolle, die dein Vorgänger dir hinterlassen hat. - *Lama Pabongkhapa Déchen Nyingpo*

Das Universum erschafft sich aus dem Nichts und versinkt wieder darin, in jedem Moment. – *Stephen Hawking*

Der dieses Universum erschaffen hat, muss vollständig hohl im Kopf gewesen sein. – *Ozzy Osbourne*

Der Augenblick selbst ist immer zeitlos, immer ewig, immer leer. - *Leonardo da Vinci*

Es ist eine leere Zeit. Ich vertreibe sie mir, so gut es geht. Es kommt aber immer neue. - *Kurt Tucholsky*

Wenn unser Geist leer ist, ist er für alles bereit. - *Shunryu Suzuki*

Hoch und hehr glänzt Eure Stirn, Majestät! Und doch wuchert dahinter nur leeres Stroh. - *Fürst Bismarck zu Kaiser Wilhelm II.*

Es gibt nichts Schöneres als das reine Nichts. Aus ihm entspringt alle wahre Kunst und Wissenschaft. - *Albert Einstein*

Bei jedem Examen genieße ich die Vollkommenheit der Leere in den Gesichtern der Prüflinge. - *Stefan Banach, Mathematiker*

Wie große Feste doch enden - und in welch wohltuender Leere ruht die Seele, ist der Trubel erst einmal vorüber. - *Voltaire*

Wer sie nicht erlebt hat, kann sie nicht ermessen: die majestätische Leere des Meeres nach dem Untergang des Schiffes. - *Harold Lowe, Offizier der „Titanic"*

Nur ein leerer Geist kann die Fülle des Lebens aufnehmen. – *Theresa von Avila*

Nach jeder Tat fühlte ich diese erfrischende Leere, von der die Buddhisten sprechen. - *Fritz Haarmann im Verhör*

Der Liebesakt selbst ist niemals erfüllend, erfüllend jedoch ist die große leere Weite danach. – *Giacomo Casanova*

Je leerer die Flasche, desto wohlklingender das Geräusch beim Einschenken. - *Queen Mum, Schutzpatronin der Geiz-ist-Geil-Bewegung*

Wie anziehend sind doch Meer und Strand! Wie gern verliert man sich in ihrer Einfachheit, in ihrer Leere! - *Walt Whitman*

Leeres Stroh hat keine Körner, ergibt aber unser bestes Basis-Müsli. - *Anna Fischer-Dückelmann, Begründerin der Naturkost-Bewegung*

Jeder Wunsch findet seine Erfüllung in der Leere der Wunschlosigkeit. – *Dogen Zenji*

Nichts hasse ich so sehr wie die Leerheit von leeren Hosentaschen. - *Borisav Milojkovic Borra, „König der Taschendiebe"*

Ein Autorennen gewinnen kannst du nur, wenn du durch die vollkommene innere Leere fährst. - *Juan Manuel Fangio*

Nichts verträgt sich so gut wie innere Leere und äußerer Reichtum. – *Heinrich Baron Thyssen*

Rühre an das Leere in deinem Leben, und daraus werden Blumen blühen. – *Rabindranath Tagore*

Immer wenn ich nachts über eine leere Flasche stolpere, berührt mich eine süße Melancholie. – *Charlie Sheen*

Man kann nur eine leere Schüssel füllen.
- *Hakuin*

Leere Schüssel ziehen keine Gäste herbei, das ist mein Glück. – *Paracelus von Hohenheim*

Geh ich zeitig in die Leere, komm ich aus der Leere voll. Wenn ich mit dem Nichts verkehre, weiß ich wieder, was ich soll. - *Bertolt Brecht*

Sonderbar, wenn mein Geist rein und leer ist, kommen mir die schmutzigsten Gedanken. - *Charles Bukowski*

Ich halte nichts vom Recht auf Arbeit; ich halte es für das größte Recht des Menschen, nichts zu tun und leer zu sein von Mühe. - *Gioacchino Rossini*

Lieber leeren Darm als müden Arm. -
Wahlspruch der Glücklichen Arbeitslosen

Wen die innere Leere in die Gesellschaft und auf Reisen treibt, der wird sie dort wiederfinden. - *Arthur Schopenhauer*

Wer zu spät kommt, findet leere Schüsseln. – *Kanarische Hotel-Weisheit*

Ich bin nichts mehr. Ich habe nichts mehr. Ich bin nur glücklich. – *Mao Tse Tung*

Unter einem leeren Sack keucht man ärger als unter einem vollen. - *Wahrspruch der Sänftenträger von Mao Tse Tung*

Es gibt nur die Einheit und die Leere. -
Demokrit

Leere Nüsse schwimmen oben. – *Goldie Hawn*

Ansprüche machen das Leben schwer. Das glückliche Leben beginnt, wenn man leer davon wird. - *Nicolas Chamfort*

Das Gehirn von Leuten, die ihr Glas ständig halb voll sehen, muss ziemlich leer sein. - *Helmut Qualtinger*

Wo die Zeit nie hinkam, wo hinein nie ein Bild leuchtete, in dem Innigsten der Seele, in der Leere, schafft Gott seine Welt. – *Martin Luther*

In Ihrem leeren Kopf wäre viel Platz für großartige Einfälle. – *John F. Kennedy zu Marilyn Monroe*

Wo nichts vom Verstand Erdachtes den Raum füllt, entsteht unendliche Energie.
- *Thich Nhat Hanh*

Der Sufi ist nicht seiend nach seinem Nichtsein und nicht nichtseiend nach seinem Sein. Oder umgekehrt. Ich weiß es eigentlich auch nicht. - *Khâlid-i Baghdâdî*

Im Verdauen sind zweierlei Gnaden: Die Speise schlucken und sich ihrer entladen. Jenes bedrängt, dieses erfrischt; so wunderbar ist das Leben gemischt. – *Friedrich v. Bodelschwingh*

Leere Bäuche klingen hohl, volle Hosen schweigen wohl. – *Inschrift an einem badischen Fastenhotel*

Um die Furcht, die im Verstand wohnt, zu überwinden, müssen wir unseren Verstand täglich leer machen. - *Sri Chinmoy*

Leere Zimmer sind am hellsten, so auch mein leerer Schädel. - *Allen Ginsberg*

Materie ist eine Illusion menschlicher Wahrnehmung. - *Anton Zeilinger, Quantenphysiker*

Der deutsche Bundestag ist mal voller und mal leerer, aber immer voller Lehrer. - *Otto Graf Lambsdorff*

Nur wenn ein Becher leer ist, kann er gefüllt werden. Nur wenn Geist und Herz vollkommen leer sind, können sie verstehen. – *Astrid Lindgren*

Mein Kopf ist voller Leere. Noch ein Gedanke weniger, und ich schwebe an diesem Heißluftballon in den Himmel. – *John Cleese*

Du bist der weite leere Himmel. Die Wolken deiner Geschichten treiben darüber hin. Es gibt nichts festzuhalten.
- *Kodo Sawaki*

Wenn Sie nur über das sprechen würden, was Sie begreifen, würden Sie schweigen. - *Mutter Teresa zu Princess Diana*

Wenn die Seele allein steht in der uferlosen Ewigkeit, weit geworden, leer, dann wird ihr das Unaussprechliche enthüllt, die grenzenlose Erleichterung, das reine Glück. – *Hildegard von Bingen*

Denken Sie, lieber Freund, an Hans im Glück. Der ist erst glücklich, wenn er nichts mehr hat! – *Jacob Grimm an einen verarmten Kollegen*

Leer zu werden von der Welt ist besser, als mit ihr beschäftigt zu sein. - *Ambrose Bierce*

Ich fülle alle Säle als Redner, aber ich leere alle Säle als Sänger. - *Franz Josef Strauß*

Leer sein heißt, dass mich keine geistigen Hindernisse davon abhalten, das zu lieben, was ist, ganz gleich, was es ist. Der klare Geist ist völlig regungslos. - *Byron Katie*

Tun Sie mir den Gefallen und versuchen Sie nicht, sich hier vollständig leer zu machen. - *Joan Rivers*

Selbst von einem leeren Baum vermag der wahrhaft Gläubige reife Pflaumen zu schütteln. – *Papst Johannes XXIII.*

Erst ein leeres Portemonnaie kann dir zeigen, wie schön es gearbeitet ist. Spende jetzt, was noch darinnen ist, wackerer Schüler! – *Sri Upasni Maharaj*

Alles bewegt sich fort und nichts bleibt.
- *Heraklit*

Kunst ist, aus Nichts scheinbar Etwas zu machen und es als bleibend zu verkaufen. – *Frank Zappa*

Wenn du etwas loslässt, bist du etwas glücklicher. Wenn du viel loslässt, bist du viel glücklicher. Wenn du ganz loslässt, bist du frei. - *Ajahn Chah*

Kein Anblick hat mich mehr deprimiert als der Anblick der vollständig leeren Schubladen meiner Erbtante. - *Rita Rudner*

Ein leerer Raum. Ein Mann geht hindurch, während ihm ein anderer zusieht. Das ist alles, was zur Theaterhandlung nötig ist. - *Peter Brook*

Selbst wenn der Raum heute leer bleiben sollte, zumindest ich selbst möchte voll sein. - *W. C. Fields*

Stell dir einfach vor, du sitzt auf einer idyllische Südseeinsel im weißen Sand. Du siehst das Meer, du hörst die Wellen, du wirst von der sanften Brise gestreichelt, und du lächelst, glücklich, ein leeres Nichts. - *Paul Wilson*

Von eurer wunderbaren Leere wird mein Magen auch nicht voll. - *Chuck Norris*

Ich fühlte, wie ich in eine Leere hineingesogen wurde. Es fühlte sich an, als sei die Leere in meinem Inneren, nicht außen. Es war keine Angst mehr da, und ich ließ mich fallen in diese Leere. An diesem Tag ging ich in der Stadt umher, voller Staunen über das Wunder des Lebens, so als sei ich gerade erst in diese Welt hineingeboren worden. - *Eckart Tolle*

Ich liebe leere Züge. Denn der Blick auf Mitfahrende kann einem die schönste Reise verderben. - *Pauline Viardot*

Leer kommst du, leer gehst du. Könnte es sein, dass die Zeit dazwischen ebenfalls leer ist? – *Huang Po*

Wenigstens das Nichts bleibt, wie es ist.
- *Harry Rowohlt*

Flasche leer. - *Giovanni Trapattoni*

Raum für eigene Leere

Raum für eigene Leere

Raum für eigene Leere

Raum für eigene Leere

Raum für eigene Leere